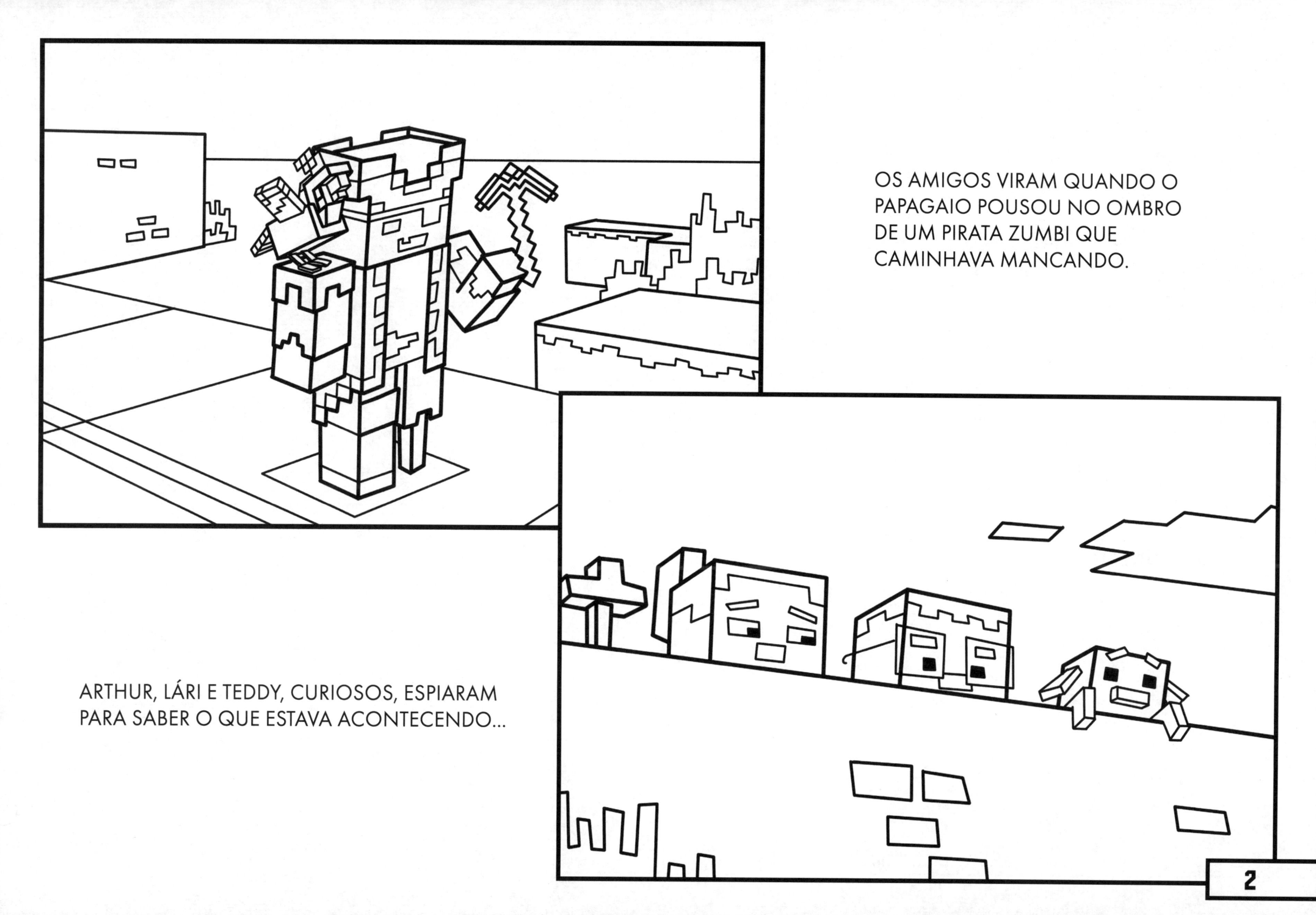

O ESTRANHO PIRATA DE PERNA DE PAU ANDAVA CONTANDO OS PASSOS. *TOC-TOC-TOC*, FAZIA A PERNA DE PAU, BATENDO NO CHÃO, A CADA PASSO.

– VINTE E CINCO, VINTE E SEIS, VINTE E SETE – CONTAVA, A CADA PASSO, O PIRATA ZUMBI.

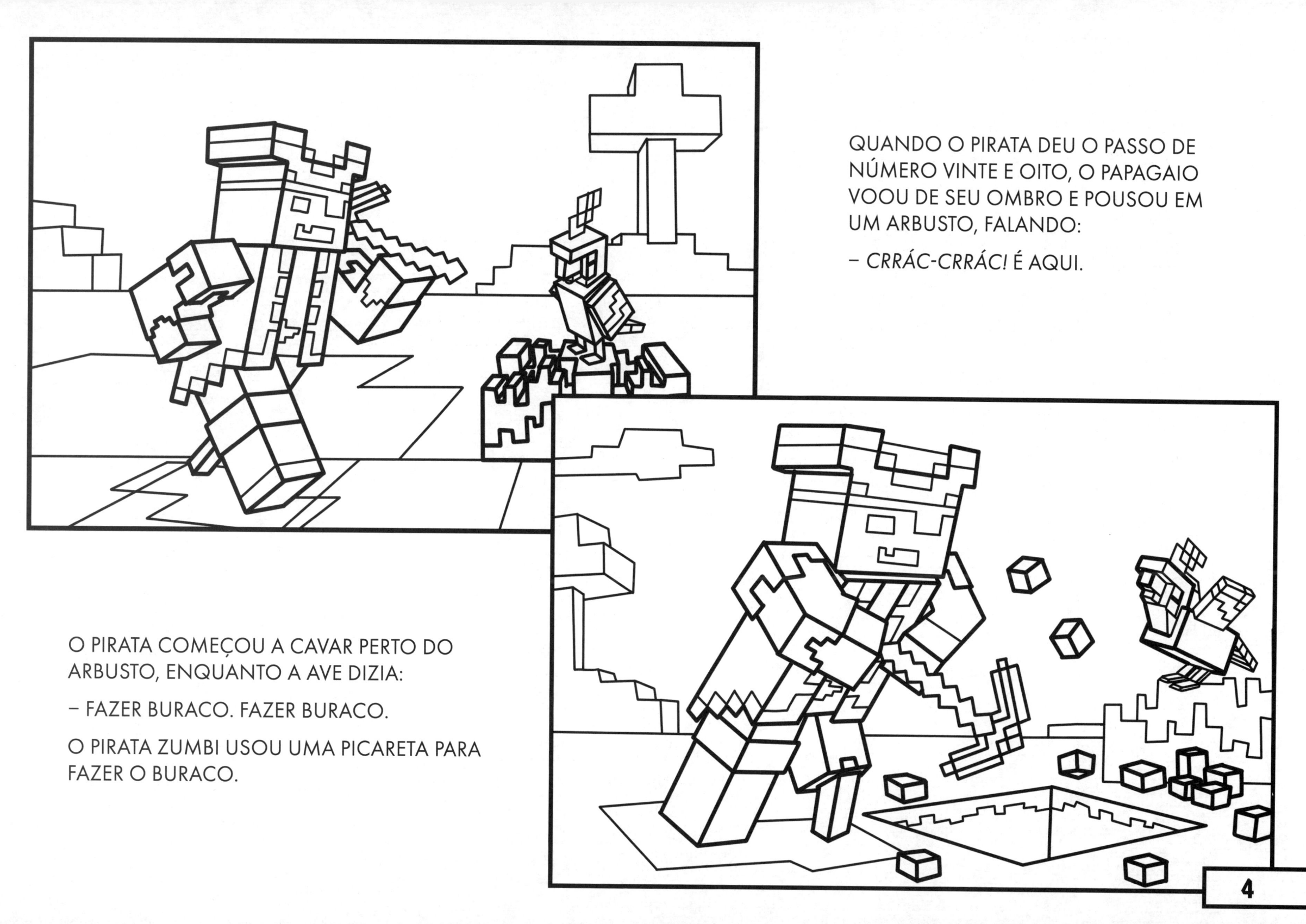

QUANDO O PIRATA DEU O PASSO DE NÚMERO VINTE E OITO, O PAPAGAIO VOOU DE SEU OMBRO E POUSOU EM UM ARBUSTO, FALANDO:

– *CRRÁC-CRRÁC!* É AQUI.

O PIRATA COMEÇOU A CAVAR PERTO DO ARBUSTO, ENQUANTO A AVE DIZIA:

– FAZER BURACO. FAZER BURACO.

O PIRATA ZUMBI USOU UMA PICARETA PARA FAZER O BURACO.

TEDDY QUASE CAIU DO MURO PARA TENTAR VER O QUE ESTAVA ACONTECENDO.

– VEJAM SÓ O QUE O PIRATA ENCONTROU – DISSE LÁRI.

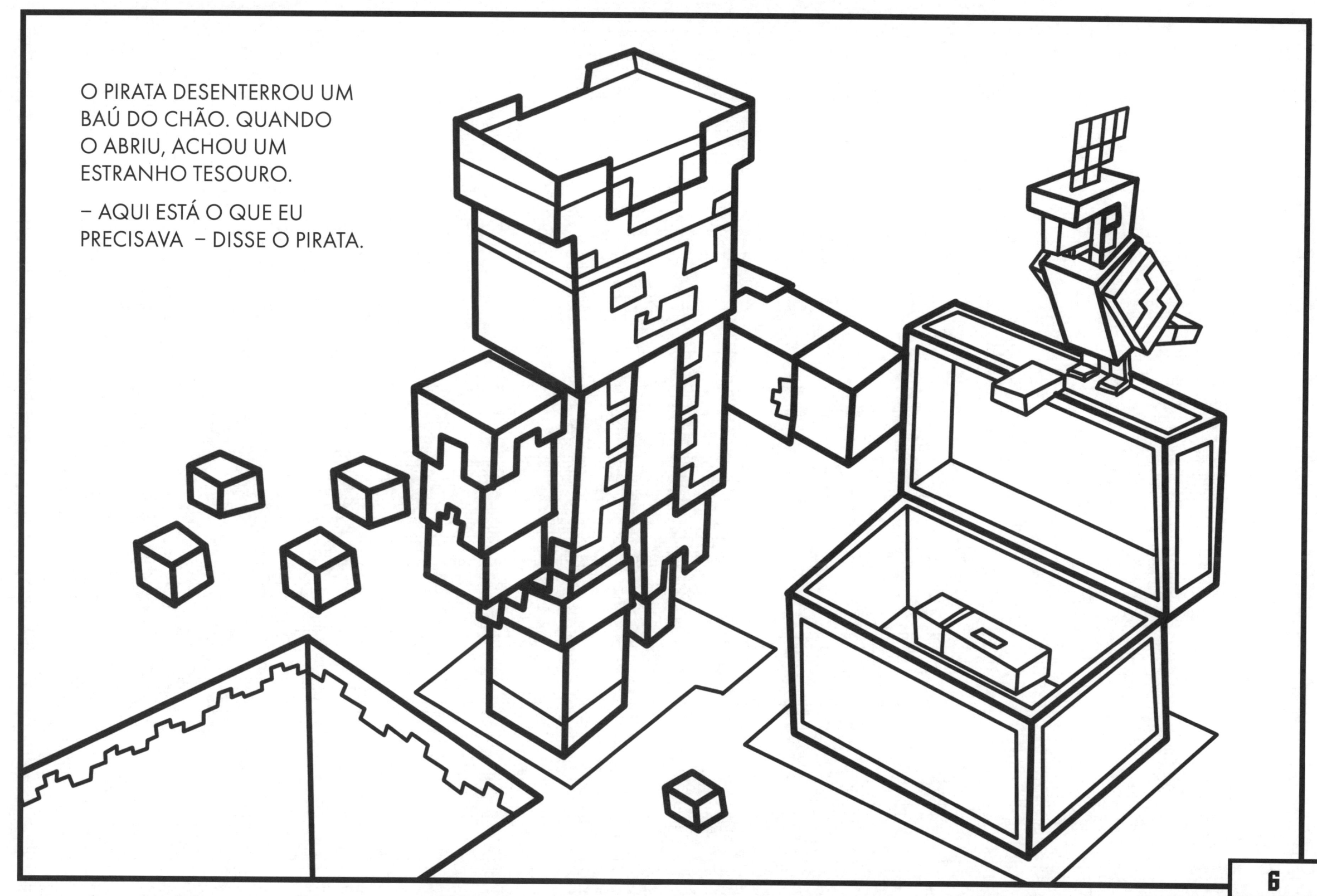

O PIRATA DESENTERROU UM BAÚ DO CHÃO. QUANDO O ABRIU, ACHOU UM ESTRANHO TESOURO.

– AQUI ESTÁ O QUE EU PRECISAVA – DISSE O PIRATA.

O PIRATA COMEÇOU A CAMINHAR PELAS RUAS, APONTANDO A LUZ DA LANTERNA PARA AS PESSOAS, QUE FICARAM HIPNOTIZADAS E COMEÇARAM A ANDAR LENTAMENTE, COMO ZUMBIS.

EM POUCOS MINUTOS, VÁRIAS PESSOAS FORAM TRANSFORMADAS EM ZUMBIS PELA LUZ DA LANTERNA DO PIRATA.

– TEMOS DE FAZER ALGUMA COISA, DEPRESSA – FALOU ARTHUR.

– SIM, ESSE PIRATA ZUMBI ESTÁ APONTANDO A LUZ DA LANTERNA PARA MUITA GENTE – DISSE LÁRI.

– *AHN! AHN!* – CHORAMINGOU TEDDY.

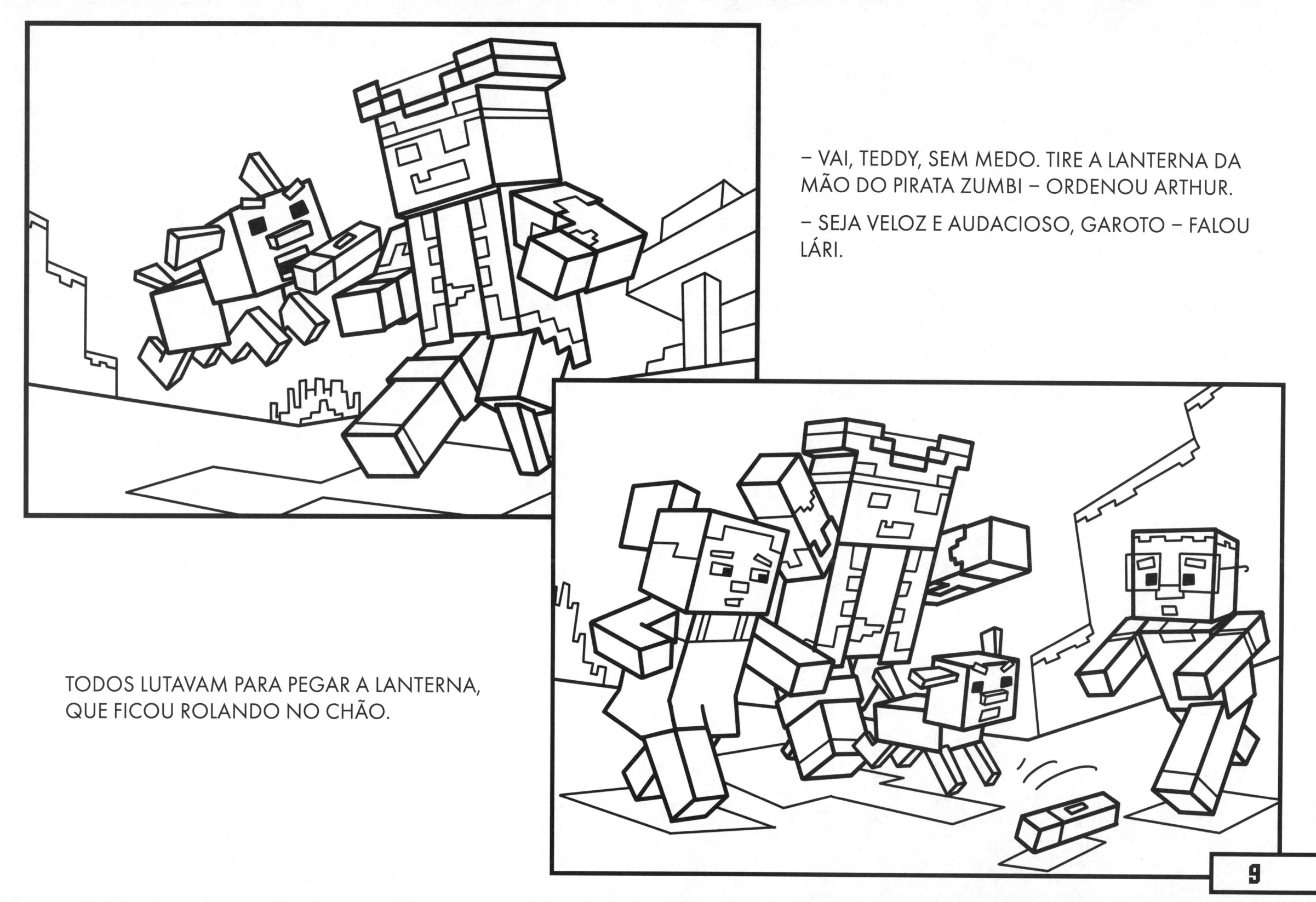

EM SEGUIDA, FAREI... MUDOU OS OLHOS DO
PAPAGAIO, QUE PAROU DE VOAR E TAMBÉM
FOI TRANSFORMADO EM ESTÁTUA.

LÁRI JOGOU A LANTERNA NO CHÃO, COM FORÇA, MAS COMO ELA CONTINUOU INTEIRA, ARTHUR PISOU NA LANTERNA, QUEBRANDO-A. NESSE MOMENTO, AS PESSOAS QUE TINHAM SIDO TRANSFORMADAS EM ZUMBIS VOLTARAM AO NORMAL. ELES NÃO SABIAM, MAS O FEITIÇO SÓ PODIA SER DESFEITO APÓS A DESTRUIÇÃO DA LANTERNA.

– UAU! QUE AVENTURA AGITADA – FALOU LÁRI.

– SIM, E O PIRATA E O PAPAGAIO FICARÃO ASSIM ATÉ SEREM RECOLHIDOS PELOS LIXEIROS – COMENTOU ARTHUR, RINDO.

– OU ALGUÉM PODE ENCONTRÁ-LOS E FAZER DELES OBJETOS DECORATIVOS PARA PÔR EM ALGUM LOCAL – RIU LÁRI.

– AU-AU! – CONCORDOU TEDDY.

FIM

AVENTURA NA CAVERNA

EM UMA TRANQUILA NOITE, ARTHUR E LÁRI ESTAVAM BRINCANDO COM BLOCOS COLORIDOS QUANDO, DE REPENTE, O CÃOZINHO TEDDY SALTOU PARA FORA DA JANELA.

PREOCUPADOS COM TEDDY, ARTHUR E LÁRI TAMBÉM ENTRARAM NA CAVERNA ESCURA, ILUMINANDO O CAMINHO COM OS CELULARES.

– TEDDY, VOLTE AQUI. ENTRAR EM UMA CAVERNA É PERIGOSO – GRITOU LÁRI.

– SIM, É BEM PERIGOSO MESMO! – ESBRAVEJOU ARTHUR.

ASSIM QUE ENTRARAM NA ESCURA E ÚMIDA CAVERNA PARA RESGATAR O CÃOZINHO, OS DOIS AVENTUREIROS TIVERAM UMA SURPRESA.

– OH, NÃO! MORCEGOS ZUMBIS! – GRITOU LÁRI. – RÁPIDO, ARTHUR, APONTE A LUZ PARA ELES. MORCEGOS NÃO SUPORTAM LUZ.

EM SEGUIDA, ATRÁS DE TEDDY, APARECEU A DONA DO GATO, UMA BRUXA. A PELE DELA ERA VERDE E BRILHANTE.

RAPIDAMENTE ARTHUR PUXOU LÁRI, E OS DOIS SE ESCONDERAM PARA QUE A BRUXA NÃO OS VISSE.

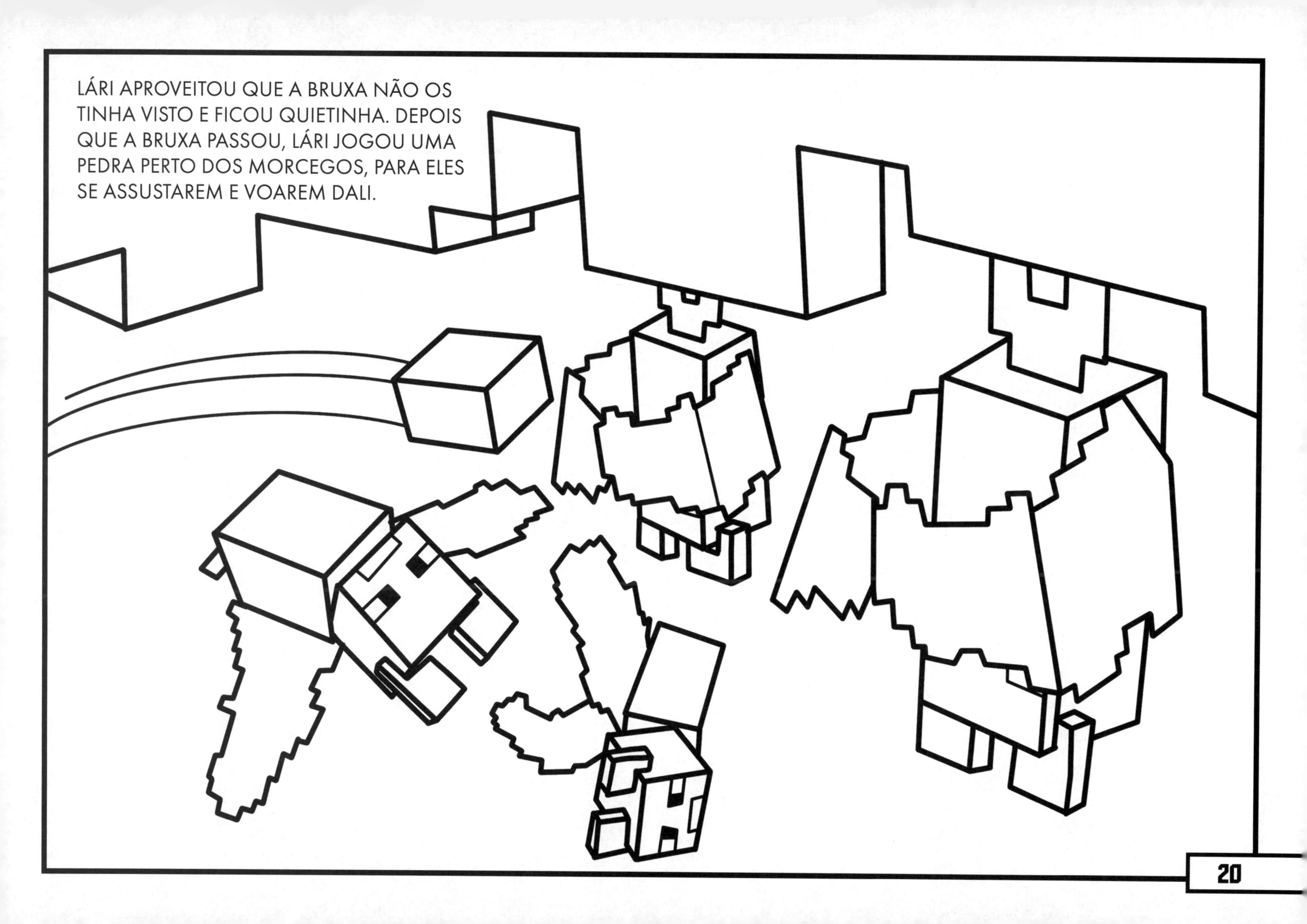

LÁRI APROVEITOU QUE A BRUXA NÃO OS TINHA VISTO E FICOU QUIETINHA. DEPOIS QUE A BRUXA PASSOU, LÁRI JOGOU UMA PEDRA PERTO DOS MORCEGOS, PARA ELES SE ASSUSTAREM E VOAREM DALI.

AO SEREM ACORDADOS, OS MORCEGOS VOARAM E DEIXARAM O CAMINHO LIVRE PARA LÁRI E ARTHUR IREM EMBORA.

ELES SAÍRAM CORRENDO; PRECISAVAM SAIR DALI ANTES QUE A BRUXA E OS MORCEGOS VOLTASSEM. DE REPENTE, ARTHUR PERCEBEU ALGO ESTRANHO...

– SUAS COSTAS ESTÃO ILUMINADAS. ESTÃO AZUIS COMO OS PELOS DO TEDDY – FALOU ARTHUR.

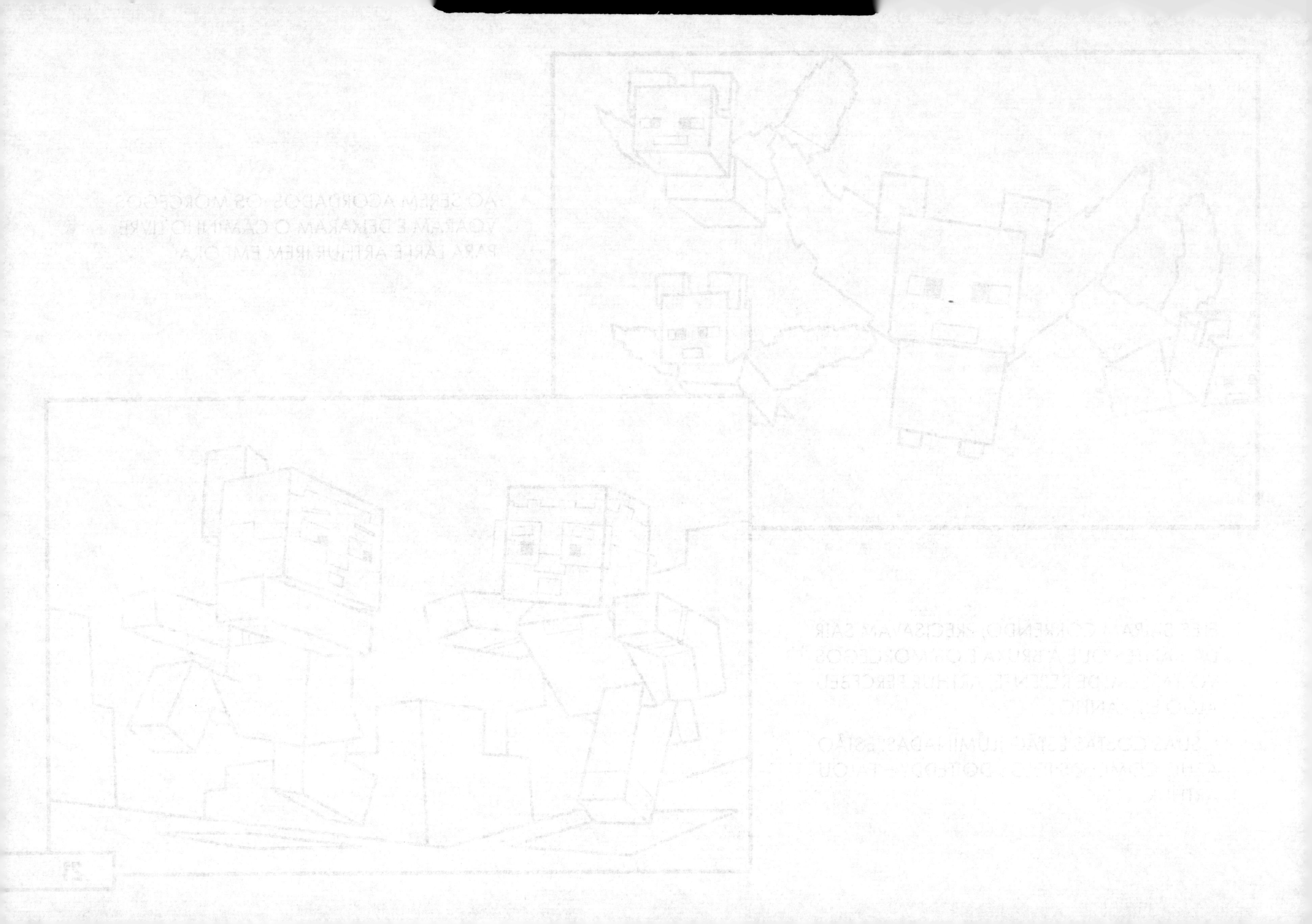

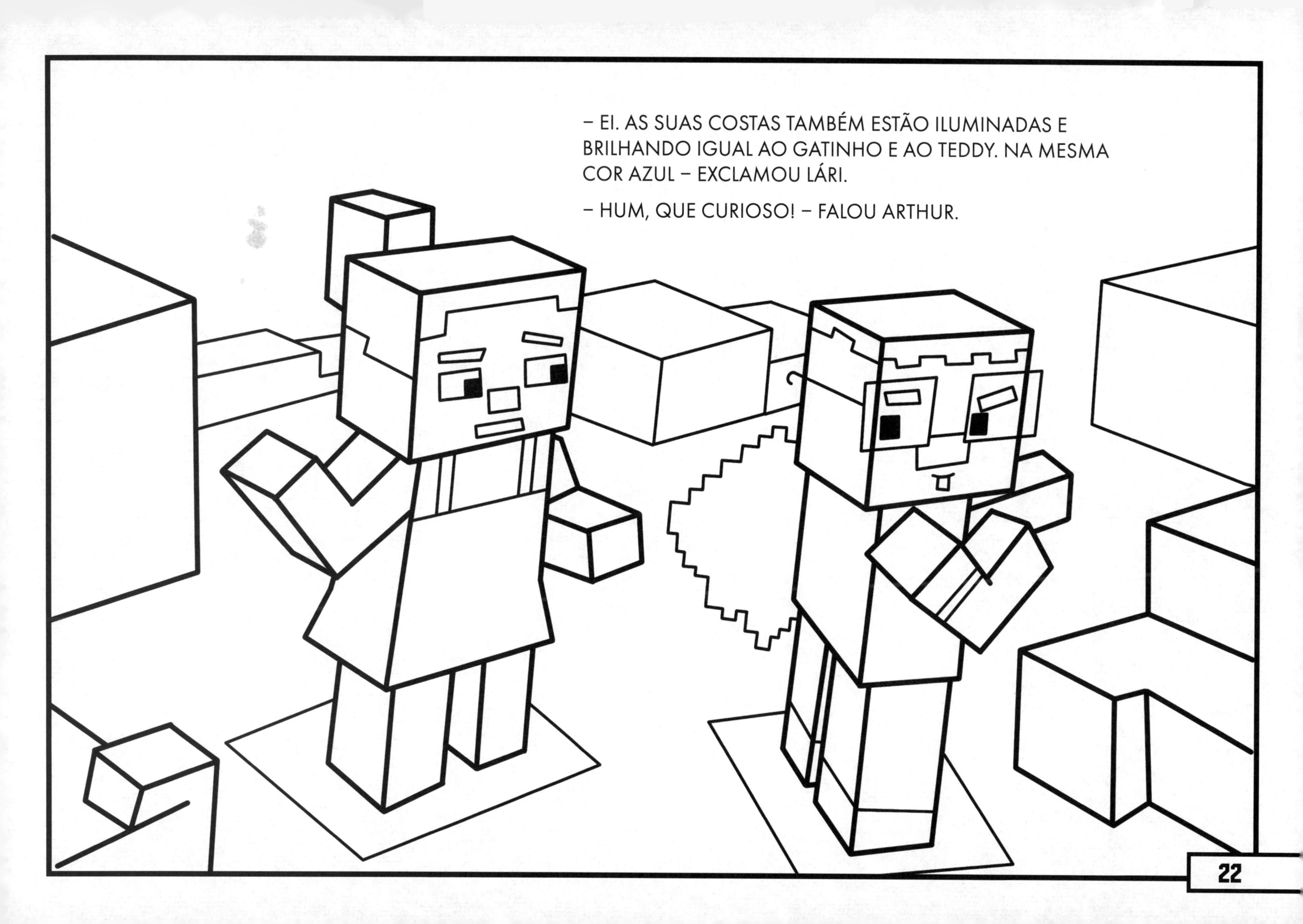

– EI. AS SUAS COSTAS TAMBÉM ESTÃO ILUMINADAS E BRILHANDO IGUAL AO GATINHO E AO TEDDY. NA MESMA COR AZUL – EXCLAMOU LÁRI.

– HUM, QUE CURIOSO! – FALOU ARTHUR.

— E AS SUAS COSTAS TAMBÉM ESTÃO ILUMINADAS E BRILHANDO IGUAL AO GATINHO E SÃO TODXS NA MESMA COR AZUL — EXPLAMOU JAEL.

— HUM, QUE CURIOSO! — FALOU ARTHUR.

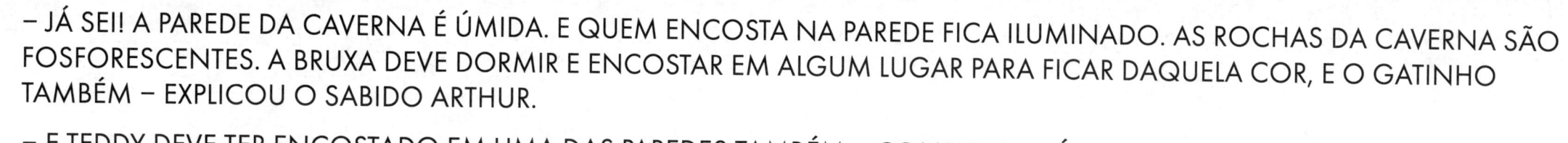

– JÁ SEI! A PAREDE DA CAVERNA É ÚMIDA. E QUEM ENCOSTA NA PAREDE FICA ILUMINADO. AS ROCHAS DA CAVERNA SÃO FOSFORESCENTES. A BRUXA DEVE DORMIR E ENCOSTAR EM ALGUM LUGAR PARA FICAR DAQUELA COR, E O GATINHO TAMBÉM – EXPLICOU O SABIDO ARTHUR.

– E TEDDY DEVE TER ENCOSTADO EM UMA DAS PAREDES TAMBÉM – COMPLETOU LÁRI.

LOGO, OS TRÊS AMIGOS SE DIVERTIAM CORRENDO SALTITANTES DE VOLTA PARA CASA, BRILHANDO FEITO VAGA-LUMES NO ESCURO.

– HA-HA-HA! MUITO ENGRAÇADO ISSO. TUDO POR CAUSA DO TEDDY – FALOU LÁRI.

– E ESSA FOI UMA AVENTURA INESQUECÍVEL. E ESTOU FELIZ QUE TUDO TENHA ACABADO BEM – DISSE ARTHUR.

FIM